AF257282

SEPT CENTS MILLIONS

DE

REVENUS

EN COCHINCHINE

MÉMOIRE-RAPPORT A MONSIEUR LE PRÉSIDENT DE LA RÉPUBLIQUE
ET A L'ASSEMBLÉE NATIONALE

suivi d'une

NOTE SUR L'ALGÉRIE

PAR

Hte FRÉDÉRIC-THOMAS-CARAMAN

Ex Oriente pecunia

PRIX : 1 FR. 25 C.

PARIS

ARMAND LE CHEVALIER

64, RUE RICHELIEU, 64.

1871

Monsieur le Président de la République française,

Messieurs de l'Assemblée,

L'objet de ce travail, résumé de sept années d'études dans l'Extrême-Asie, est de vous faire connaître les immenses richesses que nous possédons dans l'Inde, en deçà du Gange, et l'ensemble des moyens qui me paraissent les plus logiques et les plus pratiques pour en tirer profit, non dans un avenir lointain (nous n'avons pas le temps d'attendre), mais le plus promptement possible. Les cruelles exigences de la féodalité germaine nous ont imposé les plus lourdes charges financières ; il faut au plus vite les rendre supportables, et, si on le peut, les annihiler, sans porter atteinte aux forces vives qui nous permettront de reprendre plus tard notre rang en Europe. Pour ces motifs, vous avez à cœur, j'en suis convaincu, de délibérer sur l'importance et l'opportunité de tout projet ayant ce but patriotique.

J'entre de suite en matière, et je me propose d'établir :

1° Que la colonie française de Cochinchine et les avantages résultant de notre situation de protecteurs du roi de Cambodge permettent d'évaluer à près de 600 millions par an les revenus que la France pourrait retirer de ces pays ;

2° Que, pour arriver à ce but, on doit laisser l'exploitation aux grandes associations chinoises, désignées sous le nom de Congrégations, parce que celles-ci ont à leur service le capital et la main-d'œuvre ; en un mot, reprendre, quant aux associations, la grande idée de Colbert ;

3° Qu'en persistant à suivre les mêmes errements de colonisation actuellement en vigueur, nous n'arriverons qu'à des résultats relativement insignifiants.

Enfin je me permettrai d'attirer l'attention de nos Gouvernants sur quelques modifications à introduire d'urgence dans le casernement, les hôpitaux, les hospices, la solde et l'alimentation de nos soldats et marins de la marine nationale.

PREMIÈRE PARTIE.

Je vais passer en revue les richesses agricoles et industrielles sur lesquelles je désire attirer toute votre attention. Je ne m'étendrai que sur les principales, qui ne sauraient offrir rien d'aléatoire. J'ai combiné mes renseignements personnels avec ceux de notre Comité agricole de Cochinchine, et, dans le doute, j'ai pris ceux-ci de préférence.

CHAPITRE PREMIER.

Rizières.

La Basse-Cochinchine « se trouve si heureusement située, que, quel que soit l'accroissement dans la production de sa principale fortune, les rizières, elle trouvera toujours pour ce produit, après avoir satisfait à ses propres besoins, un débouché certain dans les grands marchés d'An-nam et de la Chine, » voire même de la France en cas de disette.

En effet, avant nous, notre possession était le grenier d'abondance de l'empire annammite. Quant au commerce chinois, pour éviter un fret dispendieux, il préférera venir prendre ses riz à Saïgon, au lieu d'aller les chercher dans l'Inde, qui est deux fois plus éloignée.

Le sol de la Basse-Cochinchine est composé d'alluvions de récente formation. C'est un terrain à couches profondes argileuses dont la fertilité n'a aucune limite. Depuis Vinh-Long jusqu'à Sadec, Chaudoc et Long-xu-yen, et bien au delà vers le Cambodge, on fait deux récoltes par an, à cause de la facilité d'irrigation des rizières quand la saison des pluies est passée.

L'administration, sous le gouverneur M. l'amiral de la Grandière, s'est sérieusement occupée du rendement des rizières par hectare. Un des riches et intelligents Chinois de la colonie, M. Wang-taï, a fait, dans le Phuoc-Loc, des essais en grand sur des terrains nouvellement défrichés. L'hectare a donné 200 francs en moyenne. Dans le Tan-hoa, des Annamites, ayant des rizières de 400 hectares, ont eu des résultats analogues. Quelques Annamites seulement s'efforcent d'obtenir une deuxième récolte par les procédés d'irrigation constante, d'un entretien peu pénible en raison de la proximité des arroyos. Les autres ne comptent guère que sur les pluies et ne veulent pas comprendre qu'une légère fatigue serait compensée par de gros bénéfices. Les rizières de la Basse-Cochinchine peuvent alimenter au moins 25 millions d'habitants.

1 hectare peut produire annuellement la quantité de riz nécessaire pour nourrir sept hommes, à raison de 1 kilogramme de riz par jour et par tête. Pour les 25 millions d'âmes, il faudrait donc repiquer 3,571,428 hectares, en admettant que chaque hectare ne donne qu'une récolte. Or, il est prouvé que les deux tiers des terrains de rizières

peuvent, avec quelques soins, fournir une deuxième récolte. Ce qui fait donc que 2,142,857 hectares, dont les deux tiers donnent double récolte, équivaudront à 3,571,428 hectares qui n'en donneraient qu'une. Chaque hectare, comme il est dit plus haut, produisant en moyenne 200 francs de riz, les 2,142,857 hectares, dont deux tiers cotés à double récolte, produiront 714,285,600 francs. D'après les statistiques de notre administration, notre colonie rend environ 110 millions de riz par an.

Le Bas-Cambodge offre des ressources analogues. Le long des rives fertiles qui, de la capitale du royaume, s'étendent au Grand Lac, on pourrait faire établir les plus belles rizières sur plusieurs centaines de kilomètres carrés, car on ne saurait trop développer cette branche de l'agriculture.

En effet, « la production du riz restera toujours la source la plus certaine et la plus considérable des revenus agricoles de la Cochinchine, se liquidant vis-à-vis de la consommation locale par un superflu toujours énorme, quelles qu'aient été les chances de la récolte ; cette denrée constitue, au contraire, par rapport à la consommation générale des mers de Chine, un trop faible appoint pour influer sur le marché, où elle est certaine de s'écouler toujours à un prix excessivement rémunérateur. Plus heureux en cela que nos cultivateurs de blé ou de vignobles en France, les propriétaires de rizières ne risquent pas de voir le prix de leurs récoltes s'avilir dans l'abondance ou provoquer dans la disette un renchérissement de toutes les autres denrées. La franchise absolue de la circulation commerciale, la proximité de Saïgon des ports de la Chine, proximité qui lui donne un avantage si considérable sur les autres pays producteurs de riz, la qualité même du riz de Cochinchine, ont établi son exportation dans des conditions favorables dont on trouverait difficilement ailleurs un exemple. »

Ainsi il résulte, de l'avis même des Commissions agricoles déléguées par l'Administration dans nos provinces pour étudier la culture des riz, que leur production en Cochinchine et plus tard au Cambodge, sera inférieure aux nombreuses demandes qui surgiront sans cesse.

Telle est, envisagée sous son vrai jour, cette question primordiale des riz de Cochinchine, dont la renommée est faite depuis longtemps.

CHAPITRE II.

Richesses forestières.

En ce qui concerne nos richesses forestières de Cochinchine, je vais suivre, autant que possible, le travail de la Commission chargée d'étudier la question se rattachant au commerce des bois et à l'exploitation des forêts de notre colonie et du Cambodge.

I. — Évaluation des richesses forestières de la Cochinchine et du Cambodge.

L'étendue de ces forêts rend celles-ci inépuisables pour la consommation d'une exploitation bien entendue et « d'une utilisation éclairée et vraiment économique de nos richesses forestières. »

Il est difficile d'évaluer l'étendue réelle de notre domaine forestier; ce n'est que par approximation très-réduite qu'on peut les chiffrer ainsi qu'il suit, « d'après les personnes qui se sont occupées de cette question. »

Nos six provinces de Cochinchine contiennent 1 million d'hectares de forêts, répartis de la manière suivante :

Futaie pure.	0,25
Futaie, taillis mêlés	0,50
Taillis susceptibles d'aménagement.	0,25

Dans cette évaluation sont négligés les petits taillis, les bamboux et les rotins.

La Commission a pris pour terme de comparaison de notre production probable, « celle d'une superficie forestière à peu près égale choisie en France » dans les départements les plus productifs en bois. Le calcul a établi qu'un hectare donnait 5 stères de bois par an. C'est un minimum si l'on considère que, dans les premières années d'exploitation, ces forêts vierges auront un rendement bien plus élevé. Ainsi posée, la production annuelle de nos six provinces se chiffre par 5 millions de stères.

Quant au Cambodge, y compris les tribus des Cuys, des Penongs, des Chams, des Moïs et des Stiengs, on peut aussi au minimum quadrupler les chiffres ci-dessus, qui représentent par conséquent 4 millions d'hectares de forêts ou 20 millions de stères dans les proportions suivantes :

Haute futaie.	0,25
Futaie moyenne.	0,50
Taillis susceptibles d'aménagement.	0,15
Bamboux.	0,10

La qualité supérieure de ces essences donne la plus grande importance à notre domaine forestier. Nous sommes aussi bien approvisionnés que les Russes dans leurs possessions du fleuve Amour ou Saghalien. Nous pourrons livrer, pour les usages les plus variés, la plus grande partie de ces bois à l'exportation chinoise, européenne au besoin et égyptienne surtout, pour les travaux du canal de Suez.

Les essences du Cambodge sont à notre disposition, par suite du traité qui place le roi de ce pays sous notre protectorat. Aussi faut-il en tenir compte et les porter à notre profit.

Toutes ces diverses essences ont été divisées en trois sections :

1° Les bois durs, dont vingt-trois espèces sont exploitées ;
2° Les bois tendres, dont dix-huit espèces sont exploitées ;
3° Les bois à huiles, résineux et à gommes, dont six espèces sont exploitées.

J'ai pu établir comme suit, dans un tableau, les emplois divers de ces essences par sections :

	PREMIÈRE SECTION.	DEUXIÈME SECTION.	TROISIÈME SECTION.	TOTAUX.
Constructions navales	5	4	»	9
Id.　　　et charpentes . .	9	6	1	16
Menuiserie, meubles.	7	3	»	10
Courbes, pirogues.	5	1	2	8
Pilotis, avirons	6	1	»	7
Charronnage, chevrons.	3	1	»	4
Mâture, planches.	»	6	»	6
Bois imputrescibles inattaquables à l'eau.	4	1	»	4
Ébénisterie	7	»	»	7
Ébènes (au N. de la Cochinchine) (et au Cambodge.	2	»	»	2
Bois pour sculpture	»	1	»	1
Id. pour palissades.	1	1	»	2
Moyeux de roues.	1	»	»	1
Cercueils	4	1	»	5
Huiles.	»	»	4	4
Gommes (gutta-percha).	»	»	3	3
Résines.	1	1	3	5
Laque.	»	»	1	1

Pour clore la nomenclature très-abrégée de nos essences, il faut citer encore les cinq espèces de rotins couvrant les immenses espaces de la plaine des joncs par exemple, et qui pourraient être l'objet d'un commerce très-lucratif.

II. — État actuel de leur exploitation et de leur commerce.

Actuellement, la mise en œuvre des richesses forestières est dans un état de stagnation qu'explique le manque de capitaux et de bras dont dispose l'élément européen. Cependant

« la beauté et la diversité des essences, *la facilité de trans-port* (chose de la plus haute importance), le bas prix de la main-d'œuvre, » devraient « favoriser une production considérable, affranchir le pays de toute importation, provoquer même une exportation très-étendue. »

Malgré les encouragements offerts, le Gouvernement est loin d'avoir atteint son but ; il permettait cependant toutes exploitations contre 25 0/0 de la valeur totale des bois coupés. Ce 25 0/0, suivant les besoins, était payé en nature ou en argent. Cette réglementation date de mai 1862. Tous les produits secondaires des forêts, très-recherchés en Europe et en Chine, sont très-négligés là-bas. Il s'agit des substances médicinales et tinctoriales.

Mais comment s'expliquer qu'ayant sous la main et en abondance tous ces bois, nous allions les chercher à Singapore à un prix double de celui de la colonie? En effet, le stère de bois en pièces (mesurant 10 mètres de long sur 0^m30 d'équarrissage) ne revient pas à 31 francs, tandis que le prix du stère du même bois importé est de 50 francs au moins. « Ce n'est donc pas la cherté de nos bois qui les exclut de notre marché, » ce ne sont pas non plus les qualités qui sont toutes supérieures et excellentes pour les constructions navales. C'est, d'une part, la mauvaise direction, et, de l'autre, l'inexpérience des marchands de bois. Celle-ci tient au mode d'exploitation soumise à des coutumes vicieuses et inintelligentes dans la coupe, le halage et le transport des bois. Mais c'est l'équarrissage surtout qui fait perdre d'énormes quantités de bois pour les pièces destinées à être mises en planches.

Au Cambodge, par exemple, on ne retire la plupart du temps qu'une seule planche d'une pièce de 20 mètres de long sur 0^m40 de diamètre moyen, alors qu'on pourrait très-bien en extraire une demi-douzaine.

L'essence qui a été principalement employée dans toutes nos constructions, quelles qu'elles soient, est l'espèce appelée *daû*. Nos entrepreneurs n'ont pas eu toujours lieu de se féliciter de ce choix; aussi commencent-ils à se servir, comme les Annamites, des bois les plus durs, presque insensibles aux nombreuses variations atmosphériques.

Quant aux bois tendres et légers, ils abondent dans les forêts avoisinant le grand lac Thalé-Sap. Au Cambodge, depuis Compong-Soai jusqu'aux Cuys, on trouve une espèce de sapin pour bois de mâture, planchers, ponts de navires, panneaux et charpentes légères. « Les prix des bois de mâture dans toutes les mers de Chine sont tellement élevés que l'exploitation de ces forêts ne saurait être que très-rémunératrice. » Un mât mesurant 20 mètres de long sur un diamètre moyen de 0ᵐ45 vaut 30 liv. st. à Hong-Kong, ou 750 francs; il revient à Saïgon à 90 francs au plus.

D'après les données de l'Administration, il n'y aurait que 5,000 hectares de forêts mis en exploitation. Ils sont desservis par les marchés de Tay-ninh, Compong-mœnuong, Pream-mitrech; sur le Vaïco oriental, par ceux d'Ampill, de Caï-cong; de Loc-ninh sur le Don-chai, de Compong-to-lac et de Phnom-Penh, au Cambodge. Les essences de ce pays sont les plus appréciées. Dans le Haut-Cambodge, vers Krétié, on trouve le teck en grande quantité jusqu'au Thibet à travers le Laos, c'est-à-dire sur plusieurs centaines de lieues.

Huiles de bois.

Je ne saurais passer sous silence l'exploitation des huiles de bois qui viennent accroître encore nos richesses, tant au point de vue de la consommation locale que de l'exportation. Le calfatage des jonques, des sampans et autres bateaux en absorbe une quantité considérable. On peut compter en Cochinchine sur une surface de carène de 70,000 tonneaux de jauge officielle. Or, chaque tonneau de jauge consomme 15 litres, ou 6 francs d'huile, soit 420,000 francs. Les qualités supérieures sont expédiées en Chine, où elles entrent dans la fabrication de la laque. Le commerce européen pourrait également s'en servir pour remplacer les essences de térébenthine et autres dans la fabrication des couleurs et vernis.

Un arbre à huile rapporte 20 francs par an et peut être exploité pendant un siècle. Le revenu des huiles de bois bien extraites peut être facilement centuplé et atteindre 42 millions de francs.

III. — Réglementation en vigueur.

Dans la réglementation du 18 mai 1862, on s'était inspiré de celle des Annamites, en affectant, comme celle-ci, les biens domaniaux à l'État, et les communaux à la commune. La coupe faite, on l'achetait à l'indigène, puis l'acheteur payait en plus un droit de 25 0/0, *secundum valorem*, dont moitié pour le domaine et moitié pour la commune.

On conçoit qu'une exploitation ainsi entendue n'était pas de nature à développer le commerce des bois. D'un autre côté, le manque de surveillance de la part des maires de villages devait entraîner des pertes très-grandes. En effet, les maires annamites exercent un contrôle peu sérieux, car ils savent que l'étendue et la contenance des biens communaux étant inconnues, on ne pouvait les rendre responsables de la conservation des bois. Quant à compter sur « l'intérêt privé pour empêcher les dégâts inutiles, les incendies sans motifs, les exploitations frauduleuses, » il ne fallait pas, comme il ne faut pas encore y songer. Je dirai même que les exploitations frauduleuses ont été et seront toujours, sous notre direction, encouragées par les maires annamites, la plupart concussionnaires, « tant cette plaie de la concussion que nous a léguée le régime des mandarins est profonde et générale. » L'action des maires est nulle pour la conservation des forêts.

Les villages brûlent des forêts entières pour se préserver du tigre, les voyageurs pour se frayer une route, les populations nomades pour cultiver du riz. « Frappés de la destruction incessante et rapide qui atteint les forêts depuis notre occupation, les notables annamites du cercle de Tay-ninh demandaient, dans une pièce datée du 2 août 1863, que les défrichements soient sévèrement interdits sans une autorisation de l'inspecteur des affaires indigènes approuvée par le gouverneur ; que toutes les terres défrichées soient soumises à l'impôt foncier dès la première année..... ; que, dans aucun cas, le défrichement ne se fasse en abattant indistinctement tous les arbres. Ceux qui seraient reconnus comme devant donner de belles pièces, quoique encore jeunes, seraient conservés ; les autres seraient exploités régulièrement. »

Telle est la triste situation actuelle faite à notre domaine forestier. Elle amènera fatalement la ruine complète dans un avenir prochain, si l'on n'y remédie au plus vite. Quelques richesses « que l'on se plaise à accorder à nos forêts, elles ne sauraient résister bien longtemps à la destruction par le fer et le feu. »

IV. — Résultats qu'on obtiendrait en donnant au commerce des bois l'extension qu'il comporte.

Les chiffres pour la production annuelle de 5 millions de stères pour la Cochinchine et de 20 millions pour le Cambodge, doivent donner certainement à réfléchir aux hommes entreprenants et enhardir les plus timorés. En effet, ces 25 millions de stères à 31 francs chacun donnent 775 millions de francs, dont 25 0/0 pour l'État, ou 193 millions de francs.

Il n'y a là rien d'exagéré ni d'aléatoire, car le bois est « une de ces matières premières toujours demandées, dont la consommation augmente sans cesse, dont la valeur n'est sujette qu'à des variations insignifiantes. »

En persistant à suivre le système en vigueur, il ne faut pas espérer obtenir un tel chiffre avant de bien longues années, et la situation pénible que nous a faite la dernière guerre allemande, nous met dans la dure obligation de ne rien négliger pour faire argent de tout, en nous forçant à profiter de suite des richesses que nous offrent les plus plantureuses contrées.

CHAPITRE III.

Soie.

La soie, telle qu'elle est filée par les indigènes, même celle du Tong-quin, est de qualité inférieure.

Les vers à soie de l'Indo-Chine appartiennent aux races polyvolturnes. Il y a neuf récoltes par an. Le fil est trop fin et mal dévidé.

On peut facilement remédier à ces inconvénients en modifiant :

1° Les races par un coupage avec les meilleures graines du Japon, celles d'Oshéou par exemple ;

2° L'étouffage des cocons, s'ils doivent attendre quelque temps la filature ;

3° Le filage ou dévidage si défectueux tel qu'il est pratiqué par les indigènes.

La nourriture du ver à soie est excellente, le mûrier-nain de ces contrées étant de qualité supérieure.

Sa culture, relativement restreinte, peut être entreprise sur une grande échelle. De Mytho au Cambodge, principalement dans les plaines de Long-Xuyen, on en découvre des champs de 50 hectares. De Bien-hoa à Banca, de Thu-dau-mot à Bung et un peu partout, sont d'immenses terrains vagues très-propices aux mûriers. On estime qu'un jeune mûrier de six mois est en plein rapport de feuilles.

La défectuosité du dévidage est facile à corriger, et l'on peut arriver à livrer « au marché français une soie bien croisée et égale qui serait cotée de 75 à 95 francs. »

Le dévidage des cocons polyvoltins de Cochinchine ne saurait se faire, comme chez nous, à quatre ou cinq brins ; il faut en prendre dix ou douze, en raison de la très-grande ténuité du fil provenant de petits cocons maigres qui se forment neuf fois par an au lieu d'une seule comme les nôtres.

Il faut ordinairement 6 kilogrammes de cocons pour obtenir 1 kilogramme de soie filée. En Cochinchine on a rejeté jusqu'à ce jour les 5 kilogrammes restants, alors que l'on pourrait les utiliser de la manière suivante :

1° 3 kilogrammes de déchets bons au cardage, à
30 francs le kilogrammes, ci . . . . 90 fr.
2° 2 kilogrammes de rejets.

Le kilogramme de soie filée à Lyon avec les cocons de Cochinchine se vendrait 85 francs en moyenne, ce qui, joint aux 90 francs ci-dessus, donne un total de 175 francs, desquels il faut déduire.

1° Frais de filage. . . . . 20 fr.
2° Cardage, presse 9
3° Intérêts divers d'argent. 1

Total . . . . 30 fr.

Il s'établit donc une balance de 145 francs en faveur du solde bénéficiaire.

De renseignements émanés d'hommes les plus compétents de Lyon, il appert, dit M. Brossard de Corbigny, directeur-inspecteur des Messageries maritimes de Saïgon, « que le filage doit être fait sur place à l'aide de moulins français; qu'il faut filer avec une eau chaude de 75° centigrades. » Cette chaleur, jointe à un bon croisement, donnera à la soie le nerf qui lui manque par les procédés indigènes.

On doit surtout s'attacher aux croisements qui pourraient amener le fil à se rapprocher de ceux plus robustes du Nord. Des essais fructueux laissent espérer les plus heureux résultats.

Il est indispensable d'introduire dans tous les villages producteurs des moulins français à main que « feront marcher des femmes annamites, éminemment propres à ce genre de travail. »

Les filatures de MM. Francfort et Samuel, agents de la ferme d'opium à Cholen, près Saïgon, celles du R. P. Roy, et celles de MM. Taillefert et Brou, ont donné les plus beaux résultats sous la direction de fileuses françaises.

Que nos négociants ne craignent pas de donner tous leurs soins à l'extension de cette branche commerciale; qu'il leur suffise de savoir que plus un produit est abondant, mieux il est accepté par le négoce qui a intérêt à s'en occuper, surtout quand, comme celui-ci, il est réclamé sur les marchés en quantité toujours supérieure aux productions de la Cochinchine et du Cambodge. Plus nos soies seront abondantes « plus elles seront connues, estimées, plus elles auront de valeur. »

Avant de terminer cette étude, je dois signaler l'ingénieuse amélioration de M. Deplanque dans les métiers. M. Deplanque, directeur de la ligne télégraphique de la province de Mytho, s'occupe très-assidûment des soies de Cochinchine depuis près de huit ans. On devra avoir recours à ses lumières toutes les fois qu'on désirera avoir un renseignement précis, et il peut éminemment concourir à l'installation la plus avantageuse d'établissements séricicoles.

J'établirai plus loin que l'État peut obtenir 100 millions de francs de la culture des vers à soie.

CHAPITRE IV.

Coton.

Cet arbuste, de la famille des malvacées, est susceptible d'une très-sérieuse exploitation, qui peut alimenter tous nos marchés de France. Seulement il serait important de substituer à l'espèce dite *Courte-Soie,* qui prédomine en Indo-Chine, celle de Géorgie et d'Égypte. Même dans l'état actuel de ses cultures, le coton indo-chinois s'écoule très-avantageusement en Chine ; seulement la production est trop limitée et peut être développée indéfiniment, tant sont grands les besoins à satisfaire sur les places du Céleste-Empire.

Les échantillons que la maison Renard et Cie, de Saïgon, a fournis, attestent de bons rendements. Seulement, là encore, comme en tout, il faut l'intervention de gros capitaux ainsi que la main-d'œuvre.

La nature du sol dans les provinces de Bien-hoa, de Hatien et d'Angian et surtout dans le Haut-Cambodge, offre toutes les garanties pour la culture de cette malvacée. Composé de couches siliceuses, le sol, suffisamment arrosé, est encore fécondé par les limons que charrient les grands cours d'eau et qu'ils déposent lors de leurs inondations. Ni la Cochinchine ni le Cambodge n'ont à craindre de voir manquer ces précieux dépôts des inondations, comme en Égypte lorsque le Nil ne sort pas de son lit. On aurait plutôt à craindre le contraire par chaque période de quatre années, où les inondations sont très-abondantes. Rien qu'en Cochinchine française, l'étendue des champs de cotonniers équivaut à celle du Delta du Nil. Au Cambodge elle se multiplie plusieurs fois.

On calcule que 3 kilogrammes de coton en cueillette non égrené donnent :

1 kilogramme coton égrené.
1   id.   de graines oléagineuses pour huile, se vendant à Marseille 1 franc le litre.
1   id.   de déchet à rejeter.

Il serait facile d'établir quelle serait la production effective du coton dans notre colonie, si on voulait donner à cette culture toute l'extension dont elle est susceptible. Dans cet ordre d'idées on pourrait estimer à 400 millions de francs la production annuelle.

L'État donnant gratuitement les terrains et fournissant les graines de Géorgie et d'Egypte, prélèverait en argent 1/15 *ad valorem* à la sortie de la colonie pour les cotons *courte soie,* et 1/12 pour les cotons *longue soie.*

Tous ces impôts sont établis d'après les taux légaux reconnus dans notre colonie, c'est-à-dire sur le rapport des terres les moins fertiles donnant 24 0/0 l'an.

―――――

CHAPITRE V.

Indigo.

Cette plante tinctoriale, l'une des plus importantes pour l'industrie, et que même l'aniline provenant de la distillation de la houille ne pourra détrôner, doit être considérée aussi comme l'un des principaux produits de la colonie et du Cambodge, où elle pousse avec la même vigueur que le chiendent en France.

Parmi les nombreuses espèces d'indigotiers, deux ou trois sont prises par l'industrie. Les indigotiers de l'Inde en deçà du Gange valent ceux de l'Inde gangétique et du Bengale. L'indigotine, ou la matière tinctoriale de la plante, que j'ai soumise à l'analyse chimique à Hong-kong (Chine), renfermait tous les principes nécessaires et suffisants pour être estimée de première qualité.

L'indigotier de la colonie est désigné par la science sous le nom de « Indigo fera tinctoria. » A sa maturité il a 5 ou 6 pieds français de haut, et beaucoup plus s'il n'a pas été taillé.

On le cultive dans les couches de sables et d'alluvions anciennes du terrain tertiaire supérieur, c'est-à-dire dans les terres légères et rarement sujettes aux inondations subites devant faire craindre qu'on ne puisse procéder rapidement à la coupe.

Quoique pouvant vivre plusieurs années, il est bon de renouveler les plants tous les ans. On fait les semailles en février après une petite pluie et dans des terres très-légèrement labourées d'avance. De février à juillet l'indigotier accomplit sa croissance. On reconnaît que la plante est arrivée à maturité lorsque, pliée entre les doigts, la partie inférieure de la feuille présente une solution de continuité très-nette à cassure bien tranchée. On fait alors la cueillette en bottes ou bandelles que l'on porte à la factorerie. Là s'opère la fabrication de la pâte, qui, pour être de première qualité, doit donner des pains très-légers et d'un bleu de ciel très-clair.

Des essais faits par M. de Fiennes au Gho-viap (près Saïgon) et au Cambodge par moi ont été couronnés d'un plein succès. J'ai établi un plan de factorerie qui ne reviendrait pas à 25,000 francs en Indo-Chine et donnerait annuellement plus de vingt mille pains.

La production indigène étant trop primitive et défectueuse, il n'y a pas lieu d'en tenir compte ; il y a tout à refaire et à créer en ce qui concerne la manipulation industrielle.

Je ne peux donc pas assigner de chiffres probables sur les bénéfices à retirer de cette industrie. Il est bon d'affirmer cependant que, bien dirigées, nos factoreries pourraient alimenter non-seulement l'Europe, mais encore l'Amérique. La production peut donc devenir colossale, dans ces contrées presque toutes soumises à notre influence.

CHAPITRE VI.

Produits secondaires.

Pour que ce travail résumé soit cependant complet, je vais esquisser à grands traits les autres sources de produits qui n'occupent en ce moment qu'une place secondaire dans les revenus en comparaison des autres richesses :

Je veux parler des plantations diverses de cocotiers, d'aréquiers, de bananiers, de cannes à sucre, de tabacs, de jute, de l'ortie de Chine, des arachides, et enfin de quelques essais fructueux de plantations de café, de cacao, de vanille.

· 1° **Cocotiers.** — Cette culture est très-importante dans les provinces de Mytho, Vinh-long, de Chaudoc et de Gua-lap. Elle ne rapporte que vers la cinquième année.

Un hectare bien aménagé contient 180 pieds donnant 10 grappes de 5 fruits ou 50 fruits, ou 9,000 fruits pour les 180 pieds se vendant 550 francs. De cette somme il faut retrancher 50 francs pour les frais d'entretien, soit 500 francs de bénéfice net.

Pendant les années de non-rapport, on intercale des plants de bananiers pour couvrir largement les frais.

Cultivé en grand ce palmier peut satisfaire à toutes commandes d'huiles clarifiées pour nos savonneries et autres nombreux usages.

Cette culture en grand exige un certain capital et peu de

bras; la fabrication des huiles réclame l'intervention de notre industrie.

2° **Aréquiers.** — Culture importante, mais propre seulement au pays. Un hectare peut renfermer 1,200 pieds et donner 1,200 francs par an.

3° **Bananiers.** — Culture importante pour le pays, où, dans l'alimentation locale, il s'en fait une énorme consommation. Un hectare donne un revenu net de 300 francs.

4° **Cannes à sucre.** — Les plantations sont très-délaissées, et cependant la colonie pourrait avantageusement lutter pour ce produit avec feu Bourbon, tant pour la quantité que pour la qualité. Une usine établie près de Bien-hoa paraît devoir prospérer.

Dans cette branche notre industrie a une bonne place à prendre si la culture de la canne acquiert un certain développement.

5° **Tabac.** — Des améliorations ont été faites avec succès, en vue d'obtenir une qualité aussi bonne qu'à Manille et qu'à Cuba. La production du tabac est illimitée. Il y en a en Indo-Chine de très-vastes terrains propices à cette culture.

6° **Jute.** — Cette plante textile est l'objet de soins spéciaux dans l'Inde anglaise, d'où on l'importe en Angleterre par 48,000 tonnes environ. Dans le district de Dundée elle occupe une population ouvrière très-nombreuse. On peut très-facilement en pratiquer la culture en Indo-Chine.

Toutes ces plantations, ainsi que celles de l'ortie de Chine, des arachides, ouvrent assurément des ressources considérables que les Chinois, sous l'habile direction des Européens, ne manqueront pas de mettre à profit.

Des essais de caféier n'ont rien laissé à désirer dans certaines provinces du Cambodge. Le grain obtenu était petit, un peu arrondi et se rapprochant du moka. Le caféier viendra parfaitement dans les terrains élevés et ombragés. MM. Taillefert et Brou, dans leur île de Coulao-Nam-Thau, ont eu de très-beaux échantillons de **vanille** et de **cacaotiers.**

Enfin la résine-laque Kinh-Kien, propre à la Basse-Cochinchine et au Haut-Cambodge, est très-estimée des contrées voisines. Il s'en exporte annuellement près de 3,500,000 kilogrammes à 78 centimes le kilogamme ou 2 millions 730,000 francs.

Le Kinh-Kien renferme une matière colorante rouge-rose, représentant 10 0/0 de son poids et une gomme-résine en formant les autres 90 0/0. Cette gomme-résine ou gomme-laque peut entrer dans la composition du vernis au tampon.

DEUXIÈME PARTIE.

CHAPITRE PREMIER.

Pour mettre à profit les immenses ressources si variées de l'Indo-Chine, je proposerais l'introduction, sur la plus *large échelle, de l'élément chinois* dans notre colonie. Il s'agirait de confier *par fermage* la colonisation de tout le pays aux riches et puissantes congrégations chinoises de Kuang-ton, de Hong-kong, du Fo-kien et d'Haï-nan.

C'est le seul moyen d'effectuer immédiatement la mise en rapport de ces splendides contrées, essentiellement vouées à l'agriculture et à l'industrie.

Nulle contrée au monde n'est aussi fertile que l'Inde en deçà du Gange dont nous possédons le riche Delta. Chaque année des inondations viennent féconder une terre toujours avide de produire et qui en peu de temps va se couvrir de la plus luxuriante végétation. Tout y croît presque sans culture; le sol rend aux deux centuples ce qui lui a été confié.

Le peuple annamite, qui forme le gros de la population, est intelligent et laborieux ; « il comprend les bienfaits de notre domination ; il sent, il réfléchit, il compare, il juge et il s'intéresse à la conservation et au développement de notre salutaire influence. » Débarrassé de cette autorité routinière des mandarins qui l'entravait, il a accueilli avec reconnaissance la domination française.

De tous les points de l'Annam affluent en Basse-Cochinchine de nouvelles recrues pour le travail de la terre. Les Chinois, leurs guides, viennent également à nous et avec empressement. Enfin tous les peuples voisins saisissent toutes les occasions de resserrer les liens si puissants qui les unissent à nous.

Il y a à peine sept ans que ce beau pays a été déclaré colonie française, et, depuis longtemps, il a pu suffire à ses propres besoins, même quand il a fallu soutenir, en 1866-67, le roi du Cambodge contre les Rebelles qui voulaient le renverser. Quelle différence avec l'Algérie, qui nous coûte annuellement plus de 80 millions de francs depuis tantôt quarante et un ans, soit environ 10 milliards avec les intérêts composés. Quand et comment liquidera-t-elle sa situation ? Nous ne pouvons rien préciser à cet égard, nous trouvant en présence de difficultés inouïes, celles que nous suscite et ne cessera de nous susciter toujours le fanatisme musulman, si préjudiciable à nos intérêts, parce qu'il s'oppose à tout progrès et au travail. Eh bien, ces difficultés insurmontables, nous ne les avons pas en Indo-Chine. L'Annamite, comme le Chinois, est indifférent à toutes les religions, il n'en pratique en réalité aucune. Il n'a d'yeux, d'oreilles et d'entendement que pour le travail de la terre, son commerce et l'industrie. Sans parti pris, il accueille toutes les innovations que nous lui apportons en ce sens. Notre administration de la marine a grandement contribué à rendre facile l'assimilation de ces races. Si, par suite des besoins présents, elle est devenue insuffisante, il faut reconnaître qu'elle n'a jamais cessé de se montrer toujours d'une honnêteté irréprochable et qu'elle a traité les vaincus avec une bienveillance toute paternelle, tout en conservant la plus ferme et la plus digne attitude. La marine a fait admirablement, comme toujours, son devoir. C'est à son administration que nous devons d'avoir pu sauver du naufrage notre colonie dont l'importance avait été méconnue par certains ministres du régime déchu. C'est M. l'amiral de la Grandière, gouverneur de la Cochinchine, qui en a été le sauveur et auquel il faut avant tout rendre justice. On lui doit les plus sérieuses comme aussi les plus utiles institutions. Mais celles-ci ne sauraient être définitives devant les nouveaux horizons que l'œil peut embrasser. L'œuvre de la marine est à terme ; elle a généreusement préparé les voies que devra suivre une administration civile plus apte aux affaires et qui, par cela même, est devenue indispensable. Il ne faut plus seulement des hommes honnêtes et résolus; il faut maintenant des hommes compétents et choisis pour leurs connaissances solides et pratiques. La Cochinchine ne peut être une colonie militaire. Tous ses éléments constitutifs s'y opposent catégoriquement ; c'est et ce sera surtout une colonie de rapport. Son administration doit donc être mise en harmonie avec les forces vives du pays, en dépendre entièrement et en être la plus haute expression, c'est-à-dire qu'il importe que la colonie se gouverne par elle-même. Il y aurait un administrateur civil délégué du chef de l'État avec une représentation à l'Assemblée. Un Conseil général de la Cochinchine recruté parmi les indigènes, les Européens et les Chinois intéressés, siégerait dans la métropole coloniale où toutes les lumières viendraient se concentrer. La commune de Saïgon responsable serait en permanence. Saïgon serait le lieu où l'on élaborerait, commenterait, discuterait tous les projets d'institutions avant de les soumettre à la signature de l'agent français. Cette ville deviendrait pour la Cochinchine ce qu'est Paris pour la France.

Tout serait ainsi laissé à l'initiative de ceux qui ont les plus grands intérêts directs dans la colonie, à n'importe quelle nationalité ils appartiendraient. Il va sans dire que le conseil municipal et le maire de Saïgon constituant la commune continueraient à être librement élus, comme en janvier dernier.

Ainsi s'établiraient les relations les plus productives pour notre marine et notre commerce en Extrême-Asie par les divers éléments des travailleurs. Le régime proposé est, du reste, celui qui convient le mieux, si on veut tenir un léger compte des us et coutumes de ces populations.

La colonisation a toujours centuplé les richesses d'un peuple ; sa prospérité et sa grandeur se sont accrues en raison directe de la perfection de celle-ci. Les conquérants de l'antiquité ont enfanté des merveilles en lançant dans leurs colonies « des armées de travailleurs, cohortes intelligentes qui fécondèrent leurs nouveaux domaines. Imitons les anciens, et dans ces vues proclamons toutes les libertés commerciales, industrielles et maritimes, si nous ne voulons pas continuer à nous laisser écraser par la concurrence étrangère.

La richesse et la puissance de la France dépendent désormais, il n'en faut plus douter, de son commerce, de son industrie et de l'état de sa marine marchande. Jusqu'à ce jour et, avec tous les éléments en notre pouvoir, nous n'avons pu atteindre le niveau des grandes puissances coloniales, bien que nous ayons marqué notre supériorité dans les branches industrielles. Cela tenait à ce que nous faiblissions dans la colonisation, où toujours nous avons voulu laisser au gouvernement le soin des premières démarches, à l'exclusion de notre propre initiative.

CHAPITRE II.

Des divers systèmes coloniaux à employer, il n'y en a qu'un d'avantageux pour nous : c'est celui que la Russie a mis en vigueur dans ses vastes possessions de l'Amour, égalant en superficie l'Allemagne tout entière, à savoir : l'appel du capital et des bras avec toutes les libertés les plus absolues concédées aux Compagnies. Le gouvernement russe a même pris de sérieuses actions dans les entreprises. En se rendant ainsi solidaire de ces entreprises, il a augmenté la confiance et assuré le succès.

Je crois opportun d'exposer approximativement un tableau comparatif de notre marine marchande et celui des exportations et importations coloniales des grandes puissances maritimes.

$$\text{ANGLETERRE.} \begin{cases} \text{Voiliers.} \dots \quad 45,000 \\ \text{Vapeurs} \dots \quad 3,000 \end{cases} 48,000$$

$$\text{FRANCE} \dots \begin{cases} \text{Voiliers.} \dots \quad 15,000 \\ \text{Vapeurs} \dots \quad 1,000 \end{cases} 16,000$$

L'Amérique tend de jour en jour à surpasser les chiffres de l'Angleterre.

La Russie a de beaucoup dépassé la France, s'il faut en croire certains bulletins commerciaux.

L'Angleterre a un roulement minimum d'affaires par an que l'on peut, à quelques erreurs près, chiffrer ainsi :

Importations . . . . 5 milliards.
Exportations . . . . 3 milliards.

Nos importations et nos exportations coloniales ne s'élèvent pas à 300 millions, je crois.

La Russie, avant quelques années, dépassera les chiffres anglais en Chine, où, chaque jour, elle prend des proportions formidables; il est même facile de prévoir que l'Asie sera débordée par elle lorsqu'elle aura élevé sa puissance maritime au niveau de sa puissance continentale. Mais d'ici là, la République française aura élevé, elle aussi, dans ces parages, la plus formidable barrière en fondant son empire colonial de l'Inde en deçà du Gange. Elle reprendra ses droits en Corée, où il importe qu'elle soit maîtresse de ces contrées découpées de baies, de golfes, d'îles et de presqu'îles immenses.

Pour toutes ces raisons et d'après les chiffres ci-dessus, il nous est impossible d'accepter plus longtemps une pareille infériorité pour la France. D'un autre côté, nos derniers malheurs nous imposent l'obligation de déployer la plus grande activité dont nous soyons capables pour les réparer.

Seule de toutes nos colonies, la Cochinchine offre les plus grandes ressources par son voisinage avec les peuples les plus travailleurs et les plus riches du globe (1). Nous pouvons y organiser toutes les exploitations sur la plus vaste échelle, c'est-à-dire produire en grand et par conséquent économiquement. C'est surtout dans cette production économique que le commerce français se trouve distancé par l'Amérique, l'Angleterre et la Russie, qui toujours ont eu sur nous l'avantage des débouchés. Notre position à Saïgon nous permet désormais de marcher de pair avec ces nations. Nous sommes à cheval sur le milieu de la route qui de

---

(1) Je mets en fait qu'à Kuang-ton seulement, notre illustre banquier Rothschild n'arriverait qu'au vingtième ordre; trois de mes amis ont deux fois sa fortune.

l'Occident conduit en Extrême-Asie, dans l'Inde et en Océanie.

Mais quels seront nos débouchés et quels peuples alimenteront le frêt de nos navires? Ce ne sera pas en Algérie que nous trouverons ces sources intarissables du commerce, ni en Afrique, où le mouvement de nos exportations est peu important; ce ne sera pas non plus aux États-Unis, qui produisent avec avantage la plupart de nos articles manufacturés; ce ne sera pas non plus dans l'Inde, ravitaillée par l'Angleterre. Ce sera en Extrême-Asie, qui, à elle seule, renferme les deux tiers de la population du globe et où sont entassées depuis des milliers d'années les espèces métalliques des anciennes civilisations du monde. L'Inde en deçà du Gange, pays essentiellement producteur, je le répète, nous met à même d'atteindre ces résultats. Elle étendra nos intérêts et élèvera à un niveau encore inconnu la fortune publique de la France. La République doit s'imposer le devoir de conquérir ces soixante millions d'âmes, non plus avec des légions armées de fusils et de canons, mais au nom du travail, avec des légions laborieuses, le pic ou la bêche en main, traînant dans leurs caissons l'arsenal pacifique de l'industrie et de la science. Disons à ces peuples : Nous venons à vous parce que nous avons besoin de vous comme vous avez besoin de nous. Nous ne venons plus pour détruire, comme par le passé, mais bien pour régénérer et créer.

Ainsi envisagée, la position devient plus nette et plus franche et nous oblige à écarter toute action diplomatique qui ne peut qu'éveiller l'attention jalouse des gouvernements et paraître suspecte aux populations. La diplomatie doit laisser le soin des premières démarches aux citoyens; elle n'a qu'à faire respecter les engagements pris de part et d'autre. Elle doit un concours officieux sans caractère imposant et ne plus susciter ces difficultés incessantes que tout Français rencontrait jadis dans les contrées lointaines. Ainsi placée, la diplomatie se trouve dans une situation bien définie et pouvant rendre les plus signalés services.

Ce que la diplomatie est impuissante à faire, c'est de légitimer devant les nations civilisées les conquêtes où *la force prime le droit*. Seuls, les soldats du travail peuvent en Cochinchine légitimer nos conquêtes. Ils viendront dans le but non de satisfaire la coupable ambition d'un tyran, mais pour porter les bienfaits de la civilisation et de leur énergie dans ces riches contrées.

CHAPITRE III.

« Attendre des forces individuelles l'agglomération du capital nécessaire à la mise en culture des riches territoires abandonnés, ou au fonctionnement d'établissements industriels des produits agricoles du pays, c'est reporter à des époques d'un avenir lointain l'exploitation des richesses de la Cochinchine. » Or, le moment est pressant, nous ne pouvons plus attendre ; il faut soulager le pays de toutes ses charges. Aussi, pour obtenir un résultat immédiat, devons-nous avoir recours au moyen de colonisation le plus prompt que nous offrent les grandes sociétés.

Il n'y a, en ce moment, que les richissimes et puissantes congrégations chinoises qui puissent complétement nous satisfaire. Elles ont en abondance ce qu'attend notre colonie pour la mise en pratique de tous progrès agricoles et industriels. Elles ont le capital et les bras, c'est-à-dire les deux moteurs les plus puissants de la production et de la richesse. De cette association d'intérêts et d'idées, naîtra l'entente la plus profitable entre la France et l'Extrème-Asie.

Lié en Chine à ses maisons-mères, l'élément chinois établira des débouchés qui viendront solliciter et exciter notre industrie, tandis que les produits de l'Indo-Chine, versés sur nos marchés, agrandiront la matière des échanges. La marine devenant à la fois *marchande et militaire,* prendra un essor sans bornes, l'esprit d'aventures remuera les masses ; on s'embarquera pour s'enrichir, et cette pléthore de populations déclassées qui suffoque et étouffe la France s'écoulera par Suez vers les terres asiatiques.

La colonisation n'est point une entreprise militaire, mais une œuvre politique et commerciale ; notre but est moins de conquérir que de rayonner par et pour le négoce. « On ne lève pas des armées, on enrôle des sociétés de marchands. Le belliqueux Louis XIV, qui a dit en mourant : *J'ai trop fait la guerre,* n'a pas voulu des guerriers pour coloniser. Il aima mieux des comptoirs que des camps, des compagnies d'actionnaires que des régiments. »

Le profond génie de Colbert et de tous nos économistes illustres a reconnu que la grande idée d'association peut seule produire les vastes entreprises et conduire tous les intéressés à la fortune.

Depuis des milliers d'années les Chinois ont compris cette vérité et l'ont mise en pratique par la formation de leurs admirables congrégations, en vertu desquelles ils s'aident, se soutiennent et pourvoient aux besoins de chacun de leurs membres. Ces congrégations unissent par des liens indissolubles toutes les diverses corporations de travailleurs d'une même localité. Elles ont un agent principal, directeur dans le chef-lieu de chaque congrégation en Chine, avec des sous-agents pour chaque point où elle s'étend soit en Asie, soit en Amérique ou en Océanie. Les congrégations ne sont pas seulement des sociétés agricoles et industrielles, ce sont des banques au service du commerce, de l'agriculture et de l'industrie. Cette association des capitaux avec des forces aussi vives que celles du travail produirait dans notre colonie les résultats les plus considérables.

En mettant en avant ces congrégations pour le capital, de préférence à nos maisons de banque que l'État pourrait cependant encourager, je suis convaincu malheureusement que nous ne pouvons mieux faire.

En effet, supposons, ce qui est fort douteux, pour longues années du moins, que l'on ait le capital en Europe ; cela serait-il suffisant? Non, assurément, puisque la main-d'œuvre ferait défaut.

Où trouver les ouvriers? Chez nous? C'est presque impossible, en raison de la climature des zones tropicales, qui ne permettra aux nôtres que les travaux de direction ou de surveillance. Chez les Annamites? Mais ils sont insuffisants et occupés d'ailleurs pour leur propre compte. Il n'y a donc en réalité que les coolies chinois enrégimentés par millions par les congrégations et qui trouvent mieux que nous chez l'indigène toute la confiance et l'appui dont elles ont besoin.

Et pour preuve je citerai l'association de MM. Taillefert et Brou, deux lieutenants de vaisseau en congé, qui ont essayé d'installer à Coulao-Nam-thau (près de Mytho) un grand établissement industriel et agricole. Eh bien, quoiqu'ils aient pu grouper autour d'eux plusieurs milliers de familles annamites, faire des villages de travailleurs dans leur île et établir des rizières à l'entrée de l'arroyo de la Poste à Tan-anh, ils n'ont pu avoir les mêmes résultats que ceux obtenus par M. Wang-taï et nos autres principaux propriétaires chinois.

Et cependant ils avaient pour eux toutes les machines désirables et de forts capitaux à leur disposition. Leur ingénieuse combinaison est loin d'avoir produit ce qu'elle eût donné entre les mains des congrégations.

La tâche du travail incombera toujours aux races asiatiques qui, seules, peuvent supporter l'ardeur du soleil sous ces latitudes. Ce sont les seuls auxiliaires destinés, nécessairement, à toutes entreprises agricoles tentées sur une large échelle.

Ces auxiliaires ne donneront leur maximum de travail utile que sous la direction de leurs associations capitalistes.

Elles sont connues depuis longtemps en France et en Europe. Il y a deux siècles que l'on a commencé à mettre en actions des royaumes et presque des hémisphères. Les grandes Compagnies ont apparu sous François Ier. Au xviiie siècle, Richelieu étant ministre, le gouvernement commença à comprendre qu'il y a un rôle à remplir dans ces conquêtes de la France au delà des mers, et alors, sous l'autorité du roi, et en vertu de lettres patentes, se formèrent des associations privilégiées qui allèrent prendre possession de terres immenses, fondèrent des villes et régirent en souveraines de vastes colonies. Sous Louis XIII se forma la Compagnie de Saint-Christophe, puis sous Louis XIV celle de Cayenne par lettres patentes.

Enfin, sous les auspices de Colbert, s'organisèrent les Compagnies des Indes Orientales et Occidentales. Louis XIV entra lui-même dans la Compagnie Occidentale ; il souscrivit le 1/10 du capital social, concéda les terres, équipa à ses risques et périls 45 vaisseaux. Malheureusement les Indes Occidentales n'eurent aucun succès. Il n'en fut pas de même de la Compagnie des Indes Orientales, en Asie, qui réussit au delà de toute expression. Louis XIV et Colbert s'y associèrent directement ainsi que la cour et les grands corps du royaume. Le roi versa 6 millions, la reine et les princes 2 millions, les financiers fournirent 2 millions. Cette Société eut encore des vaisseaux de ligne et des navires marchands. Louis XIV avait patronné aussi les Compagnies sénégaliennes du Bastion de France.

Cette idée toute neuve des associations pour la colonisation était sortie du génie de Colbert. Aussi Louis XIV, qui se connaissait en fait de grandes conceptions, l'avait-il accueillie avec empressement.

D'après ce qui précède, je vous proposerai donc, Messieurs, *de suivre l'exemple de Colbert,* c'est-à-dire de faire gérer notre riche colonie de l'Inde en deça du Gange, comme le ferait un intelligent propriétaire qui connaît et exploite son domaine.

En un mot, nous possédons le capital de la propriété; associons-le directement, pour qu'il rapporte de beaux intérêts, à celui du gérant travailleur.

On sera alors étonné des bénéfices que nous tirerons de cette merveilleuse colonie.

Voici, à mon sens, comment on pourrait procéder pour les rizières, les bois, les soies et les autres cultures :

CHAPITRE III.

Pour les rizières, il s'agirait de donner gratuitement tous les terrains vagues et propices dans la Basse-Cochinchine. On ne prélèverait qu'un droit sur la récolte. Ce droit serait établi au minima des usages et coutumes indigènes et s'élèverait ainsi à 12 0/0, calculé sur le chiffre de rendement désigné ci-dessus, ou 714 millions 285,600 francs. Je ne doute pas qu'on puisse atteindre le chiffre d'un milliard quand on se sera mis à l'œuvre.

Mais pour obtenir ces résultats, c'est à l'initiative de cultivateurs étrangers, tels que les Chinois, « qu'incombe la charge de mettre en double récolte, pour les rizières, toutes les terres vagues et non défrichées de notre colonie. L'élément annamite a atteint, en fait de rizières, son plus haut degré de perfectionnement. » Le Chinois doit lui être préféré parce qu'il est stimulé par l'industrie du cultivateur avisé et prévoyant, acceptant *de suite* les grandes innovations.

Le recours aux congrégations chinoises, pour l'exploitation de nos richesses forestières, créerait d'une manière efficace la conservation, la surveillance et l'entretien de ces richesses. Par suite il en découlerait toutes les améliorations désirables pour le commerce des bois.

Bois.

Les Chinois auraient à maintenir, avec l'appui de l'Admiministration française :

1° La prohibition de toute coupe d'arbre à huile ;

2° L'exploitation des essences dures avec scieries propres à opérer sur place ;

3° La défense la plus absolue, sous les peines les plus sévères, d'employer le feu comme moyen de défrichement ou d'exploitation, à moins d'une autorisation spéciale de l'État ou du Roi si c'est au Cambodge. En un mot, il y aurait lieu de se rapprocher autant qu'on le pourrait de l'organisation définitive d'un système forestier basé sur ce qui se pratique en France. L'introduction de l'élément chinois a pour but d'obtenir un résultat certain et prompt. Il évitera les tâtonnements, les efforts inutiles, les essais malencontreux qui naissent de projets mal définis ou de systèmes conçus au hasard.

L'État ne doit jamais aliéner sa propriété et doit conserver son domaine forestier. Il y aurait des fonctionnaires français qui feraient pour les bois comme ceux qui dirigent les diverses agences de la ferme d'opium en Cochinchine. Ces fonctionnaires seraient chargés « de l'aménagement de ce domaine, de la surveillance à y exercer, de son entretien et de son amélioration. »

Les congrégations fermières du domaine auraient à leur charge l'exécution de tous les travaux d'exploitation moyennant la contribution de 25 0/0 *ad valorem*.

Ce mode d'exploitation est le meilleur pour avoir tout le rendement commercial de nos forêts, en attendant que l'État ait pu constater d'une façon rigoureuse ses propriétés forestières, la délimitation exacte et la vérification facile de ses droits ainsi que de ceux des exploitations. Il faut accepter en principe, dans le contrat de fermage, l'ancien système, sous le contrôle absolu des délégués des agents de la ferme des bois, contrôlés et acceptés par le représentant de l'État, sur la présentation des fermiers chinois. Dans ces conditions naîtra un commerce actif et fructueux. Alors les concurrences déloyales cesseront, les fraudes si faciles aujourd'hui disparaîtront, le commerce ayant des garanties suffisantes pour donner un libre cours à la hardiesse que lui inspirera « la présence des richesses de toute nature que nous avons constatées dans nos forêts. » On substituera le progrès réel à la routine présente et désastreuse.

Cela posé, on ne prélèverait plus le 25 0/0 au passage des rivières, le contrôle étant difficile dans ces points, mais aux lieux mêmes de la formation des trains de bois ou aux endroits, désignés à l'avance, de la coupe des bois.

D'ores et déjà, il y aurait lieu de faire le mesurage des premières coupes pour la plus prompte exploitation et pousser ensuite activement les travaux du cadastre forestier.

Un inspecteur des eaux et forêts, chef de service, chargé de la direction générale, centraliserait les renseignements et imprimerait aux travaux l'unité nécessaire; six gardes généraux partageraient le domaine forestier en six zones égales ou garderies générales. Une douzaine de géomètres et d'employés subaltermes adjoints et un pareil nombre de gardes nous paraîtraient suffisants pour la Cochinchine française.

Pour le Cambodge et après une entente préalable, *pour la forme,* avec notre royal protégé, on aurait à doubler seulement le cadre ci-dessus et à faire des divisions analogues pour chacune des divisions générales.

L'une de ces divisions comprendrait les forêts de la rive gauche de Mé-Kong, l'autre celles de la rive droite jusqu'au golfe de Siam. Dans cette occasion, nous ne pourrions mieux être servis que par le chef actuel du protectorat de la République française, M. Moura, lieutenant de vaisseau, qui exerce sur le roi Norodom et son gouvernement une juste et légitime influence.

Le service forestier aurait à établir des circonscriptions analogues à celles des coupes, pour l'exploitation des huiles, résines et autres produits des forêts.

L'acceptation du plan proposé ouvrirait de larges voies au commerce, et l'importance de Saïgon s'en augmenterait d'autant. Il deviendrait pour le budget une source de revenus considérables. Le résultat certain à obtenir doit vaincre les premières difficultés et inspirer le courage.

Soie.

Pour arriver à produire dans de bonnes conditions, soit des cocons coupés ou de la soie filée d'après les procédés européens, il faut s'adresser encore aux congrégations chinoises, qui, par leurs capitaux et leurs travailleurs, satisferont largement à tous les besoins. Il faudrait leur concéder gratuitement les terres vagues propres à la culture du mûrier. On établirait des centres de production bien définis où des agents français compétents veilleraient en principe au coupage des feuilles, aux croisements des races et au filage. Le producteur aurait à payer annuellement 16 fr. 65 c. ou 3 P. par hectare de mûrier, soit 1/20 de la production totale de l'hectare. Les Chinois pourraient ne produire, au besoin, que des cocons qu'ils livreraient à des filateurs français. Ces cocons devraient être en quantité suffisante pour fournir un rendement de 500 millions de soie filée. Ou bien, s'ils voulaient procéder eux-mêmes au filage suivant les règles, ils auraient à livrer tous les ans cette même quantité de soie filée à notre commerce, *aux cours de la Cochinchine.*

Dans l'un et l'autre cas, ces 500 millions de soie filée ne payeraient impôt qu'à leur entrée en France ou en Europe, à raison de 20 p. 100, payables lors de leur embarquement à Saïgon.

CHAPITRE IV.

Si l'on ne veut pas persister à suivre les mêmes errements de colonisation actuellement en vigueur, et si on consent à avoir recours aux congrégations chinoises pour la mise en exploitation de notre colonie sur les bases précédemment établies, il ne faut pas moins de 2,500,000 Chinois. Ceux-ci seraient placés sous la responsabilité de leurs congrégations respectives, qui en répondraient devant l'État. Les terres seraient données en fermage aux congrégations, qui auraient à payer annuellement par Chinois 10 P. ou 55 fr. 50 c. Les chefs de congrégation s'engageraient à consacrer tous leurs soins à la culture des produits spécifiés ci-dessus, etc., etc., et à livrer telles marchandises à nos marchés de France aux cours du pays. L'État pourrait mettre, chaque fois que le service le permettrait, ses chaloupes, ses canonnières ou ses transports au service de ses fermiers. En un mot, la protection la plus efficace et les encouragements les plus sérieux leur seraient donnés.

Résumant maintenant, d'après les chiffres qui précèdent, nous sommes amené à conclure que, seuls, avec notre domaine forestier, la cote personnelle des Chinois, les diverses fermes d'opium et de jeux, les produits principaux peuvent donner à l'Etat :

1°	Rizières à 12 p. 100.	85,714,272 fr.
2°	Richesses forestières à 25 p. 100 .	193,750,000 –
3°	Cote personnelle de 2,500,000 Chinois à 20 P. ou 111 francs chaque.	277,500,000
4°	Fermes d'opium et de jeux. . . .	10,000,000
5°	Soie à 20 p. 100 (non compris les 3 P. par hectare de mûrier). . .	100,000,000
6°	Coton à 12 p. 100.	48,000,000
7°	Indigo	(*Mémoire.*)
8°	Produits secondaires.	16,650,000
9°	Huiles de bois à 25 p. 100 sur 40,000,000 de francs.	10,000,000 fr.

741,610,000 fr.

J'ai négligé tous les impôts qui devront payer notre occupation civile et militaire. Néanmoins l'éloquence de ceux qui précèdent suffira pour faire comprendre combien il importe d'admettre dans notre colonie les Chinois comme fermiers généraux de toutes nos richesses. Mais, dira-t-on, ces congrégations accepteront-elles ? Pourquoi pas ? N'est-ce pas ainsi qu'elles agissent partout avec les Russes, les Anglais pour leurs colonies, l'Amérique en Californie et ailleurs, l'Espagne à Manille et à Cuba, la Hollande à Batavia ? Feraient-elles exception avec et pour nous seuls ? Assurément non. Il n'y a qu'à se mettre de suite à l'œuvre et à bien vouloir. Les éléments que nous possédons présentement à Cholen et à Saïgon peuvent garantir d'un succès.

Dès l'entente établie et les bases des fermages bien assises, nous n'aurions plus besoin d'avoir à Saïgon des services inutiles. La France aura suffisamment d'un délégué civil avec une commune centralisant les opérations coloniales. Une division navale de sept mille hommes d'infanterie de marine appuierait notre pavillon et consolideraient notre prépondérance en Extrême-Asie. De nombreux postes seraient confortablement et intelligemment installés sur le parcours du fleuve ou des arroyos, et reliés entre eux par un service régulier de chaloupes et de canonnières.

Le service judiciaire serait modifié d'après les exigences locales.

Nous devrions nous attacher à placer sous notre protectorat tous les peuples voisins et principalement à ouvrir enfin des relations commerciales et suivies avec la cour de Hué. Il s'agirait de forcer l'empereur d'Annam, par des remontrances très-énergiques (cela suffirait), à se conformer aux clauses du traité qu'il a passé avec nous.

CHAPITRE V.

Maintenant, quelques mots sur le Cambodge.

J'ai parlé plus haut de concessions à faire obtenir aux Chinois dans le Cambodge. Naturellement on peut demander si cela est possible. Il est permis, à mon avis, de répondre par l'affirmative, bien que ce royaume soit indépendant en apparence. Une entente avec le roi Norodom suffirait. Les concessionnaires de terres payeraient l'impôt par coudée sur le fleuve, avec l'autorisation de s'étendre indéfiniment dans l'intérieur des terres. Tout ce que je dis ici n'a pas trait aux forêts de ce pays. Toutes concessions seraient faites sous la garantie de la France. En aucun cas, les lois du royaume ne sauraient atteindre les Chinois concessionnaires se rattachant aux congrégations de la Cochinchine. Ceux-ci seraient assimilés aux Français et auraient mêmes prérogatives ; ils ne subiraient que les lois françaises.

L'introduction de cet élément au Cambodge procurera au roi Norodom les plus grands bénéfices. Par les cotons, par exemple, il peut facilement devenir en quelques années aussi riche que le vice-roi d'Égypte. Ce sera encore à la France qu'il devra ces avantages, comme il lui doit la couronne et la vie. Sa Majesté Norodom Ier, qui m'a confié l'éducation de ses cinq fils et celle de trente autres enfants du deuxième roi, de princes, de ministres, etc., etc., est certainement animé des meilleurs sentiments. Mais cela ne saurait suffire désormais en présence des énormes sacrifices que nous impose le protectorat de la République au Cambodge.

Amenons le roi à composition, et que M. Moura lui fasse

bien comprendre que les bonnes intentions doivent enfin faire place aux faits, c'est-à-dire qu'il est de la plus haute importance de lancer le roi dans les essais et les entreprises industrielles.

Nous devons d'autant plus tenir à ce que le Cambodge suive le mouvement que nous imprimerons à notre colonie, qu'il est coupé du N. E. au S. O. par le grand fleuve Mékong, destiné à nous faire pénétrer dans l'intérieur de la Chine. En effet, le Mé-kong doit devenir notre route française destinée à contrebalancer et à primer, s'il est possible, les routes voisines du Meï-nam et de la Salween, dont les Anglais savent déjà tirer un si grand parti. Pour que le Mé-kong devienne cette voie d'eau navigable, il suffit de renverser quelques cataractes et de faire creuser à la drague certains endroits par les populations riveraines. Quand nous pourrons ainsi communiquer de Saïgon avec les plus riches provinces de la Chine et du Thibet, quelle prospérité n'attend pas notre colonie! Si Saïgon fait actuellement près de 100 millions de francs d'affaires par an, que sera-ce donc lorsque tous ces perfectionnements, ces améliorations, ces moyens de communications seront effectués !

TROISIÈME PARTIE.

Dans cette dernière partie de mon travail je me propose d'attirer votre attention sur les modifications à introduire d'urgence dans le casernement, les hôpitaux, la solde, l'alimentation de nos soldats et marins de la marine nationale. Enfin je terminerai par un aperçu très-court sur la piraterie qui désole encore les côtes des mers de Chine et du Tonquin, au grand détriment du commerce.

L'état actuel du casernement en Cochinchine française est déplorable. Partout on a conservé les cases annamites, où sont entassés nos malheureux soldats comme dans de véritables étuves. Dans un pays où il faut que l'aération ne laisse rien à désirer, c'est à peine si un homme peut rester debout, dans les chambrées, le fusil sur l'épaule.

A Saïgon seulement on a songé à construire une caserne-type, à côté de l'ancienne citadelle.

Elle sera assez confortable, quand on la finira, c'est-à-dire lorsque le palais du gouvernement sera achevé. Il serait plus logique, il me semble, de songer au bien-être général au lieu de vouloir complaire à un seul, fût-il le gouverneur.

Quant à nos citadelles, toutes sont cernées par un cercle de vases, d'où s'exhalent des miasmes putrides, germes des maladies les plus graves.

Je demande des constructions saines, spacieuses, aérées, nombreuses, renfermant chacune peu d'hommes, entourées d'arbres et non de fossés, qui ne servent pendant la saison des pluies qu'à recevoir des eaux croupissantes et des détritus végétaux abondants dont la fermentation est si rapide et si nuisible. Je réclame, en un mot, le confort de l'ancien *insula* des Romains.

Suivons, Messieurs, l'exemple que l'Angleterre nous donne dans ses splendides casernements de l'Inde, de Singapoore et de Hong-kong, qui font l'admiration de tout le monde. Suivons encore son exemple pour accroître le bien-être et le confort de nos marins et soldats depuis le plus petit jusqu'au plus grand. Qu'on établisse à cet effet des augmentations de solde analogues à celle de l'armée britannique aux colonies.

Quant aux hôpitaux et aux hospices, tout laisse à désirer ou à peu près. On devrait les installer dans les lieux les plus élevés et voisins de la mer, au cap Saint-Jacques, par exemple, à Thu-dâu-mot et à Hatien. Puis, au lieu d'embarquer à bord des transports des malades qui ne peuvent ni rester dans la colonie ni supporter une traversée de cinquante jours, on devrait créer un établissement de convalescence à la limite de la zone torride tempérée, c'est-à-dire au Tonquin, où il ne faudrait que deux jours et demi pour se rendre de Saïgon au cap Kuang-hyen, au N. des îles des Pirates par 21° 40″ de latitude N. et 105° 45″ de longitude (méridien de Paris). La climature de ce point est à peu près celle de Macao.

Le malade, une fois sa convalescence en bonne voie, pourrait rentrer en France. De cette façon on n'aurait pas à déplorer la grande mortalité que l'on constate sur chaque navire-transport, où malades et hommes valides, après les quartiers-maîtres, ont la plus détestable nourriture. La ration du matelot est très-mauvaise et insuffisante. On dirait que tout le monde la pille à qui mieux mieux. Presque tous les vivres sont avariés et détestables.

Pourquoi, sur un transport de malades ou de convalescents qui relâche en moyenne tous les sept jours, fait-on une telle provision de viandes salées *corrompues,* de haricots et de petits pois d'une coction impossible? L'humanité vous oblige à faire cesser un pareil état de choses.

En agissant ainsi on aura beaucoup fait pour la santé des colons et de notre corps d'occupation.

Piraterie.

Les pirates, dans le golfe du Tonquin, compromettent gravement les transactions commerciales sur les côtes d'Annam et de la vice-royauté de Kuang-ton. Personnellement j'ai eu à subir une agression très-vive à quelques milles de Macao. J'étais subrécargue à bord de la « Henrietta » de Glascow, trois-mâts-barque de 500 tonneaux, jauge officielle, que j'avais affrété.

Il faut donc agir sévèrement contre ces bandits, si l'on veut obvier à ces causes de périls incessants pour le négoce.

A cet effet, il importerait d'accréditer le plus tôt possible à Hué (capitale de l'empire du Sud ou d'Annam) un représentant de la République auprès de l'empereur Tû-Duc qui ne massacrera plus de chrétiens, avec un poste militaire d'observation dans la splendide rade de Touranne. Il y aurait en station un navire de guerre ponté avec batteries, tandis que **deux avisos armés en guerre s'uniraient à ceux du vice-roi** de Kuang-ton pour faire la chasse aux pirates. Les commandants des avisos du vice-roi sont des officiers français pour la plupart et appartenant à la marine marchande.

Ces entraves au commerce chinois et annamite tomberont devant nos croisières et nous aurons tout lieu de nous en féliciter. Il ne faut pas l'oublier, Messieurs, plus nous protégerons et favoriserons les Chinois, plus nous en tirerons de profit. Nous avons le plus grand intérêt à les attirer à nous franchement et loyalement, comme peut et doit le faire la République française.

Paris, ce 1er octobre 1871.

Hᵗᵉ FRÉDÉRIC-THOMAS-CARAMAN.

NOTE SUR L'ALGÉRIE.

Pénétré d'une admiration sincère pour les améliorations introduites en Algérie par M. l'amiral de Gueydon, gouverneur civil, et les résultats qu'il en a obtenus, j'ai vu avec bonheur que notre vaillante armée de marine, surtout, comprend à merveille la tâche de dévouement et d'abnégation qui lui incombe, en présence des malheurs de la mère-patrie.

Persuadé de trouver en M. l'amiral le concours le plus bienveillant et le plus éclairé, je me propose de soumettre à sa haute appréciation le projet suivant, qui, selon moi, peut et doit donner les plus sérieux résultats. Il s'agit de la colonisation de l'Algérie par les congrégations chinoises.

Le rôle de la marine militaire n'est plus celui du passé. Les besoins qui la firent naître et grandir ne sont plus les mêmes. Notre marine a de nouvelles obligations à remplir devant les charges de la France. Elle doit *spécialement* favoriser l'extension et assurer la prospérité de notre commerce et de notre industrie dans nos colonies. Dans une brochure faite à la hâte, mais sur des bases positives et certaines, je viens de démontrer comment on peut y arriver en Cochin-chine, qui, en Asie, est la seule possession qui puisse servir d'assises à un grand empire colonial.

Un mot sur l'Algérie.

Depuis 1830, cette colonie, qui devait être notre grenier d'abondance, nous a coûté 10 milliards et plus. Elle devait être aussi, disait-on, la pépinière de généraux et d'officiers expérimentés. Nous savons malheureusement que penser, maintenant, de cette armée d'Afrique, à réputation surfaite. Nous avons vu ses chefs à l'œuvre, et, trop tard, hélas ! nous avons appris que l'Algérie, par ses bureaux arabes, n'était qu'un vaste comptoir destiné seulement à faire de nos officiers des millionnaires. Mais passons, car je sens que le terrain est trop brûlant et qu'il serait imprudent d'y rester. M. l'ami-ral gouverneur a pu lutter contre le militarisme et sortir victorieux de ses entraves. Il a rendu le plus signalé service au pays, à tous les points de vue, en faisant triompher le pouvoir civil. Il a compris *qu'il fallait un avenir réparateur, pour faire oublier un passé de honte, de turpitudes et de fautes sans nom, dont nous a* TOUS RENDUS PLUS OU MOINS COUPABLES *la pernicieuse influence du régime impérial qui s'était imposé à la France par la* VIOLATION DE TOUTES NOS LOIS SOCIALES. M. l'amiral a inauguré cet avenir réparateur par la régénération de l'Algérie.

Qu'il daigne me permettre de lui indiquer comment elle pourrait devenir immédiatement féconde.

Après une délimitation des portions du territoire africain susceptibles d'être livrées aux cultures et à l'industrie agri-cole, on attirerait une *forte émigration chinoise* pour peupler l'Algérie d'armées de travailleurs intelligents et industrieux.

Faisons pour ce pays, l'ancien grenier de Rome, ce que l'Angleterre, la Russie, l'Amérique, la Hollande et l'Espagne ont fait et font encore pour leurs colonies, ce que nous faisons en petit en Cochinchine et ce qu'il nous faut accomplir sur une large échelle. Par ce moyen, nous suppléerions à l'insuffisance de l'émigration française, à l'apathie et à la négligence qui, chez les races musulmanes, sont un obstacle radical à tout progrès. Celles-ci, avec leur préjugé universel de la fatalité, seraient refoulées vers l'Atlas et remplacées dans les plateaux inférieurs par trois millions de Chinois émigrants amenés par les soins de notre marine.

On donnerait à ces hommes, sobres, actifs et essentiellement travailleurs, toutes les terres qu'ils pourraient cultiver, avec toutes les facilités pour une première installation, et l'assurance de communications périodiques avec la Chine.

En échange de ces avantages, chaque homme aurait à s'acquitter envers l'Etat d'une cote personnelle de vingt-cinq piastres mexicaines ou 138 fr. 75 ; ce qui ferait 416 millions 250,000 francs pour les trois millions d'émigrants. Il est facile de concevoir le rendement maximum que peuvent donner ces millions de producteurs et à quels chiffres incalculables atteindra l'activité agricole et industrielle avec de tels éléments. Personnellement, dans une exploitation industrielle au Cambodge, ayant à mon service plusieurs centaines de Chinois, j'ai toujours remarqué en eux les excellentes qualités du travailleur consciencieux. J'ai pu encore m'en convaincre dans mes voyages en Extrême-Asie, à Saïgon, à Hong-kong, à Kuang-ton, à Swatow, à Amoy, à Sang-haï et à Fou-tchéou. Il m'a été donné d'espérer pouvoir résoudre cette question de la colonisation par les congrégations chinoises et d'en reconnaître toute l'économie à notre avantage. Ainsi seraient bien vite comblées les brèches que va faire à nos finances l'énorme contribution de guerre imposée par l'Allemagne, sans écraser le pays d'impôts exorbitants.

Je n'ai en vue, dans ce projet, que le seul désir, bien vif, il est vrai, d'être utile à notre colonie algérienne, et d'apporter, selon mes faibles moyens, ma pierre à la réédification de la prospérité et de la grandeur de notre malheureuse patrie.

Ce 1er octobre 1871

HIPPOLYTE FRÉDÉRIC-THOMAS-CARAMAN.

Paris, imprimerie Paul Dupont, rue J.-J.-Rousseau, 41 (2873.9.71).